DISCOURS

SUR LE

POUVOIR TEMPOREL

DES PAPES

PRONONCÉ AU SÉNAT DANS LA SÉANCE DU 28 FÉVRIER 1862

PAR M. BONJEAN, SÉNATEUR

PARIS

TYPOGRAPHIE DE CH. LAHURE ET Cⁱᵉ

IMPRIMEURS DU SÉNAT

RUE DE FLEURUS, 9

—

1862

Sous presse, pour paraitre le 31 mars, le *Discours de M. Bonjean sur le pouvoir temporel,* accompagné d'Appendices contenant : Pièces justificatives, textes et développements. — Un beau volume in-8.

QUESTION ITALIENNE

DISCOURS

PRONONCÉ PAR

M. BONJEAN

SÉNATEUR

DANS LA SÉANCE DU 28 FÉVRIER 1862

MESSIEURS LES SÉNATEURS ,

Comme Membre de la Commission, je me suis associé et je m'associe encore à la double pensée exprimée dans le projet d'Adresse :

Confiance entière dans la politique conciliatrice de l'Empereur;

Regret que cette politique ait échoué devant les résistances des uns, les impatiences des autres.

En faisant ainsi la part, aussi égale que possible, entre les deux parties, nous restons fidèles au rôle de *conciliateur* dont nous avons assumé la tâche passablement ingrate, par dévouement pour le Saint-Siége, par sympathie pour l'Italie.

Et, véritablement, Messieurs les Sénateurs, je ne saurais comprendre comment notre excellent collègue, M. de Ségur-d'Aguesseau, a pu voir, dans notre médiation, un outrage au pontife, une conduite qui l'ait fait *rougir pour le Gouvernement de son pays*.

Non, Messieurs, il ne saurait y avoir outrage à parler de conciliation et de paix au représentant sur la terre de Celui qui, même pour la défense de son innocente vie, ne permit pas que l'on fît usage de l'épée, au successeur de ce Pierre à qui il fut dit : *Remets ton épée au fourreau.*

Non, monsieur de Ségur-d'Aguesseau, vous n'avez point à rougir pour le Gouvernement de votre pays....

M. le Président. Adressez-vous au Sénat et non pas directement à un de vos collègues. La voie dans laquelle vous entrez conduirait à des interruptions qu'il faut éviter de provoquer.

M. Bonjean. Je n'ai voulu rien dire de blessant pour M. de Ségur-d'Aguesseau, qui connaît bien ma vieille amitié pour lui.

Je reprends la forme impersonnelle et je dis : Non, nous n'avons point à rougir pour le Gouvernement de notre pays ; car, s'il est une action sainte devant Dieu, honorable devant les hommes, n'est-ce pas ce rôle de médiation, de pacification, de conciliation que l'Empereur n'a cessé de remplir avec un si complet désintéressement et une si parfaite abnégation ?

L'Adresse dit donc précisément ce qu'il y avait à dire, en restant fidèle à ce rôle de conciliateur qui sera, dans l'histoire, après que les passions se seront calmées, l'éternel honneur du Gouvernement impérial.

Voilà, Messieurs, tout ce que j'avais à dire, comme Membre de la Commission. Maintenant, c'est en mon nom personnel, à mes risques et périls, que je demande au Sénat la permission de lui soumettre quelques réflexions sur la grave question qui préoccupe, qui passionne les esprits.

Si la querelle entre le gouvernement pontifical et le royaume d'Italie avait pu rester purement italienne, après avoir fait office de bons voisins, en offrant notre médiation, nous pourrions rester en repos, nous en remettant à l'expérience et au temps de triompher des résistances comme des impatiences.

Malheureusement, les loisirs d'une telle neutralité ne nous sont pas permis.

D'une part, voilà treize ans que nous sommes à Rome, pour protéger le Saint-Père, et, au train dont vont les choses, on ne saurait dire à quel moment il y aura moins d'inconvénients d'y rester que d'en sortir.

D'un autre côté, et ceci me préoccupe plus que tout le reste, il est certain que la querelle entre le Saint-Siége et le royaume d'Italie est devenue, dans notre propre pays, la cause d'une agitation, ou tout au moins d'une émotion d'autant plus digne de fixer notre attention, qu'elle semble se rattacher à tout ce qu'il y a de plus respectable en ce monde, les convictions religieuses.

A ce double titre, nous avons intérêt à ce qu'une telle situation ait un terme, et un terme prochain.

Nous avons droit de rechercher et d'apprécier les obstacles qui, jusqu'ici, se sont opposés à une conciliation si désirable et si désirée.

Pour éviter, autant qu'il dépend de moi, tout ce qui pourrait passionner le débat, au lieu de rechercher quels sont les droits et les torts respectifs des deux parties, je porterai directement l'examen sur les principes eux-mêmes : si la discussion en est plus pâle, plus froide, vous en êtes, je crois, tout consolés d'avance.

Messieurs les Sénateurs, il y a certains points essentiels sur lesquels nous semblons tous d'accord et qu'il convient de tirer hors ligne :

1º Nous voulons tous que l'arrangement à intervenir assure au Souverain pontife sûreté, dignité, indépendance ;

2° Nous reconnaissons tous que le Pape ne doit être le sujet d'aucun prince;

3° Presque tous aussi, je le crois, nous pensons que Rome doit continuer à être la résidence inviolable de la papauté.

Mais d'accord sur le but, nous différons sur les moyens.

Pour les uns, la seule solution possible et légitime est de maintenir ou même de rétablir purement et simplement le pouvoir temporel, tel qu'il a existé depuis plusieurs siècles, et d'y employer l'influence morale de la France, d'abord, puis, si cette influence ne suffit pas, la force de nos armes.

D'autres, estimant que le pouvoir temporel n'a

plus aujourd'hui de raison d'être, en voudraient la suppression pure et simple.

Quelques-uns enfin, tenant peut-être plus de compte, d'une part, des traditions et des droits consacrés, d'autre part, des nécessités impérieuses produites par le temps et les événements, estiment que ce serait une tentative vaine que de prétendre maintenir la puissance temporelle du Saint-Siége dans ses conditions anciennes; mais ils pensent, en même temps, que ce pouvoir peut se modifier de façon à se mettre en harmonie avec les aspirations légitimes des populations italiennes[1].

Si nous sommes ainsi divisés, Messieurs, c'est que sans doute cette formule, *pouvoir temporel*, n'a pas pour tous la même signification, la même valeur.

A moins donc de tourner à perpétuité dans le même cercle d'affirmations et de négations, il faut bien que nous en arrivions à nous fixer à cet égard.

Mais s'il m'est permis de le dire, il me semble que dans les discussions, d'ailleurs si remarquables auxquelles a donné lieu, ici et ailleurs, la question italico-romaine, les orateurs se sont généralement bornés soit à affirmer, soit à nier la

---

1. C'est l'opinion d'un grand nombre de catholiques français et étrangers, qui pensent que l'Église, qui a civilisé l'Europe, peut et doit se mettre en harmonie avec les exigences de la société moderne. — Voir, à l'APPENDICE, n° I, la belle supplique adressée, en 1860, au Souverain pontife, par un grand nombre de catholiques français.

nécessité du pouvoir temporel, sans produire les motifs de leurs convictions.

Tous aussi, à mon avis du moins, ont trop exclusivement parlé en *hommes d'État*, citant à profusion les documents politiques et diplomatiques, et oubliant qu'avant tout, il y avait des consciences à éclairer, à calmer, à rassurer.

Or, ces âmes délicates et timorées ont sans doute le plus grand respect pour les opinions des Princes, des Ministres, des Ambassadeurs, des publicistes; mais, quand il s'agit de leur conscience religieuse, le moindre saint, le plus petit docteur de l'Église ferait bien mieux leur affaire.

C'est pour combler cette lacune de la discussion, que je crois utile et que je vous demande la permission de traiter la question à un point de vue plutôt théologique que politique, c'est-à-dire avec des autorités empruntées à l'Église plutôt qu'à la politique et à la diplomatie[1]. Si je me trompe, nos savants cardinaux ne sont-ils pas là pour me redresser?

1. Je m'étais imposé la loi de ne citer, dans ce discours, aucune autorité qui n'appartînt à l'Église. Dans la réponse, d'ailleurs si bienveillante, qu'il m'a fait l'honneur de m'adresser le lendemain, à l'autorité des *saints* et des *docteurs de l'Église* que j'avais invoquée, mon vénérable collègue, le cardinal archevêque de Bordeaux, a opposé l'opinion de plusieurs auteurs protestants, MM. Guizot, Voigt et Macaulay. — Je comprends très-bien que des protestants aussi intelligents désirent le maintien du *pouvoir temporel;* car ils savent que rien n'a été, autant que ce pouvoir, funeste au catholicisme. — Mais n'est-ce pas le cas de dire avec le Troyen : *Timeo Danaos et dona ferentes.*

Ces questions, fort de mes intentions, je les formule hardiment en ces termes :

1° Le pouvoir temporel a-t-il été plus utile que nuisible, ou plus nuisible qu'utile soit à l'indépendance du Saint-Siége, soit au développement, dans le monde, des principes catholiques?

2° Dans sa constitution actuelle, ce pouvoir est-il aujourd'hui possible? Ne doit-il pas, pour se faire accepter en Italie, se modifier considérablement?

Et tout d'abord, Messieurs, ces questions sont-elles de celles qu'il est permis à un catholique sincère de discuter?

L'affirmative ne me semble pas douteuse, quoi qu'en ait pu dire l'évêque de Poitiers; car, si délicates qu'elles puissent être, ces questions ne touchent ni à la foi, ni au dogme, ni même à aucun point essentiel de la discipline ecclésiastique. — Je me borne à citer mon autorité; elle ne sera récusée ni dans cette enceinte, ni au dehors.

Dans notre séance du 20 juillet 1860, notre éminent collègue, Mgr le cardinal archevêque de Besançon disait ces belles et sages paroles :

« Que le domaine temporel ne soit pas uni à la « papauté d'institution divine, c'est ce qui est cer« tain, ce qu'admettent tous les catholiques. » (*Procès-verbaux*, IV, p. 602.)

Et plus loin :

« Dieu gouverne ainsi son Église. Il lui permet, « sans nuire à son origine céleste et à sa fin di-

« vine, de s'accommoder à ce qui se fait parmi les
« hommes. Elle aura donc des richesses, *si les*
« *hommes lui en donnent ; de l'autorité temporelle,*
« *s'ils le veulent ; des domaines, des provinces,*
« *s'ils lui en attribuent.* » (*Ibid.*, p. 604.)

On ne saurait mieux dire, à moins d'ajouter
que ce que la main de l'homme a fait, la main de
l'homme peut le défaire, sans nuire ni à l'origine
céleste, ni à la fin divine de la Papauté [1].

Notre liberté d'examen ainsi reconnue, j'aborde
la première question.

PREMIÈRE QUESTION.

Dans un remarquable discours, resté dans tous
les souvenirs, notre honorable collègue M. Barthe,
pour établir sans doute la nécessité du pouvoir
temporel, rappelait ce propos attribué à Mazzini :

« Il faut détruire le pouvoir temporel. Le pou-
« voir temporel tombé, le pouvoir spirituel n'est
« plus rien. »

C'était, certes, une tactique habile, que de placer

1. A la séance du 3 mars, Mgr de Besançon a protesté que
les paroles, par lui prononcées en 1860, n'impliquaient aucune
condamnation du pouvoir temporel ; qu'il avait, au contraire,
défendu, au double point de vue du *droit* et de la *convenance*.
— Je n'avais évidemment ni dit, ni même laissé entendre le
contraire. Tout ce que j'ai voulu établir, en invoquant une si
imposante autorité, c'est que le *pouvoir temporel* ne soulève
que des questions purement humaines, sur lesquelles chaque
catholique peut avoir telle opinion que bon lui semble, et
que ce pouvoir n'est point un article de foi, comme l'a si
témérairement avancé Mgr l'évêque de Poitiers.

ainsi ses contradicteurs sous le patronage *apparent* de Mazzini. Je dis *apparent*, car, au fond, ce n'est pas moi, ce sont mes contradicteurs qui, comme Mazzini, considèrent le pouvoir temporel comme indispensable au pouvoir spirituel.

I

Quoi qu'il en soit, à l'autorité du célèbre agitateur italien, il me sera sans doute permis de préférer celle des *saints* et des *docteurs de l'Église* qui, tous et dans tous les temps, ont considéré la richesse et la puissance comme plus nuisibles qu'utiles à la Papauté et à la religion.

Entre tant de témoignages que je pourrais citer, j'en ai pris deux seulement qui ont le mérite singulier d'avoir été rendus dans des circonstances tout à fait analogues à celle où nous nous trouvons.

I. Le premier m'est fourni par le plus grand homme d'Église et aussi le plus grand homme d'État du douzième siècle, par ce puissant esprit qui, déclinant pour lui-même les honneurs de la Papauté, ne cessa de diriger les Papes et les Conciles, combattit les hérésies, concilia les schismes, apaisa les querelles entre la Papauté et les Princes, prêcha la seconde croisade...; vous avez nommé saint Bernard.

Le pape Eugène III venait d'être chassé de Rome par Arnaud de Brescia; errant en Italie, il se demandait quels devoirs lui étaient imposés, comme Pape, à l'égard des Romains révoltés. Saint Bernard consulté répond par un traité *ex professo* sur les devoirs des Papes, et il envoie ce traité, en trois parties, à l'auguste fugitif, de 1149 à 1151.

La puissance temporelle et même le séjour de Rome sont-ils si nécessaires à la Papauté qu'il faille, pour les recouvrer, recourir au glaive temporel? Saint Bernard examine ces questions, et voici comment il les résout. Je vous demande pardon pour ma traduction; je remettrai d'ailleurs au sténographe le texte latin, afin que chacun puisse juger si ma version est exacte[1].

Dès le commencement du traité, après avoir blâmé les Papes de s'occuper autant d'affaires temporelles, et avoir rappelé ce passage de la deuxième lettre de saint Paul à Timothée :

« Que quiconque est enrôlé au service de Dieu,
« évite l'embarras des affaires du siècle. (*Nemo*
« *militans Deo, implicat se negotiis secularibus.*) »

Il établit, conformément à la doctrine du pape saint Gélase[2], la distinction des deux puissances, l'une sur les choses terrestres, qui appartient aux Princes, l'autre sur les choses spirituelles, qui appartient aux prêtres; puis il continue :

« Quelle est, à votre avis, la dignité et la puis-

1. Voir, APPENDICE n° III, le texte latin de saint Bernard avec la réponse aux critiques.

2. Voir, APPENDICE n° II, les textes tirés des Papes *Gélase*, *Symmaque*, et des évêques ou docteurs *Synesius*, etc.

« sance la plus grande, ou de remettre les péchés
« ou de borner les héritages? Il n'y a nulle com-
« paraison. Les Princes et les Rois sont établis
« juges de ces choses basses et terrestres. Pour-
« quoi faites-vous invasion dans le domaine d'au-
« trui? Pourquoi porter votre faux dans la mois-
« son qui n'est pas à vous? Ce n'est pas que vous
« en soyez indignes; mais c'est qu'il est indigne
« de vous de vous appliquer à de telles choses,
« vous qui avez des occupations bien préférables. »

« Si tu es sage, tu te contenteras de la mesure
« que Dieu t'a donnée; car ce qui serait en plus
« tournerait à mal. »

« Qu'est-ce que l'apôtre t'a donné? *Ce que j'ai,*
« *je te le donne,* a-t-il dit. Et quoi donc? Une
« seule chose : ce n'est ni l'or ni l'argent, car il a
« dit : *Je n'ai ni or, ni argent....* Tu peux donc re-
« vendiquer autre chose, mais *non par le droit*
« *apostolique...;* car il est évident que *toute domi-*
« *nation a été interdite aux apôtres.*

« Va donc et sois assez hardi pour joindre l'apo-
« stolat à la domination, ou la domination à l'apo-
« stolat. Il t'est défendu de cumuler ces deux cho-
« ses, et si tu veux posséder en même temps (simul)[1]
« l'une et l'autre, *tu les perdras toutes deux.* Et ne
« pense pas être excepté du nombre de ceux dont
« Dieu a dit : *Ils ont régné, mais ce n'est pas par*
« *moi; ils ont vécu en princes, mais je ne les ai pas*
« *connus.* »

---

1. Voir, sur ce mot *simul* et sur ma traduction, l'APPENDICE
n° III.

Et plus énergiquement encore dans un autre passage :

« Non, il n'y a ni poison, ni poignard que je « redoute plus pour toi que la passion de domi- « ner. »

Après avoir posé les principes généraux, saint Bernard n'hésite pas à en faire l'application à la situation particulière du pape Eugène. Il déclare la puissance temporelle inutile pour l'accomplissement de la mission apostolique ; il rappelle la doctrine des deux glaives, et dissuade Eugène de tout emploi de la force. Prévoyant enfin le cas où les Romains, ce peuple à la *tête dure* et au *cœur indomptable*, comme il les appelle, persisteraient dans leur rébellion, il veut que le pape, au besoin, renonce à Rome et aille remplir ailleurs sa mission apostolique. Voici ses propres paroles sur ces divers points :

« On ne vit jamais saint Pierre marcher chargé « de pierreries, ni vêtu de soie, ni couvert d'or, « ni porté sur une haquenée blanche, ni entouré « de soldats et de serviteurs empressés. Il a cru « que, sans tout cet appareil, il pouvait remplir sa « mission de salut : *Si vous m'aimez, paissez mes* « *brebis*. Dans tout cet éclat, tu es le successeur « non de Pierre mais de Constantin [1].

« Objecteras-tu qu'ils (les Romains) ne sont pas

1. Au temps de saint Bernard, on croyait encore à la prétendue donation par laquelle Constantin aurait donné au Pape la souveraineté de Rome et d'une grande partie de l'Occident. Le saint abbé était donc persuadé que le Pape avait en lui une

« des brebis qu'on puisse paître, mais des serpents
« et des scorpions ? C'est pour cela, te dirai-je,
« qu'il faut les attaquer, mais avec la parole, non
« avec le fer.

   « Pour être à l'abri de tout reproche, une seule
« chose suffit, c'est de te conduire avec ce peuple
« de telle sorte que tu puisses dire : — *O mon*
« *peuple, qu'ai-je dû faire pour toi que je n'aie pas*
« *fait ?* — Si tu agis ainsi et sans succès, voici
« le parti qu'il te reste à prendre : Sors du mi-
« lieu des Chaldéens, et vas évangéliser d'autres
« cités. Tu ne te repentiras pas de cet exil; car,
« pour une ville perdue, tu auras conquis l'uni-
« vers. »

Comment serait accueilli, de nos jours, par les
modernes défenseurs de la Papauté, celui qui ose-
rait adresser à Pie IX l'austère langage tenu à
Eugène III, lui dire que, pour vouloir conserver
les deux puissances, il les perdra toutes deux ?
On le traiterait certainement de révolutionnaire, de mazzinien, de faux catholique tout au
moins, comme le disait, dimanche dernier, un
journal soi-disant religieux, et cependant ce langage serait celui de saint Bernard, de ce puissant
esprit qui est justement considéré comme le dernier, mais non comme le moins grand des Pères
de l'Église.

double qualité, celle de *successeur de Pierre* et celle de *succes-*
seur de Constantin. Que n'eût-il donc pas dit s'il eût su, comme
chacun le sait aujourd'hui, que la prétendue donation de
Constantin est une pièce apocryphe.

II. Voici ma seconde autorité.

Deux siècles après saint Bernard, vers 1375, le dernier pape d'Avignon, Grégoire XI, se préparait à reconquérir les États de l'Église, que les excès des légats avaient mis en pleine insurrection. Le cardinal Robert de Genève, depuis antipape [1], allait partir, avec la bande féroce des routiers bretons de Malestroit, que le Pape avait pris à sa solde.

Une femme qui, par sa vertu, ses talents, son éloquence, exerça une si grande influence sur les affaires religieuses de l'Italie, sainte Catherine de Sienne, apprend les projets du pontife et lui adresse une lettre dont voici quelques courts extraits, que je traduis sur le vieux texte italien.

« Supposons que vous soyez tenu*, en con-
« science, de reconquérir et de conserver le *trésor*
« *temporel* de l'Église et la *souveraineté des cités*
« *que l'Église a perdues* (c'est bien ainsi encore
« que se pose aujourd'hui la question avec le pape

---

1. C'est ce Robert qui, plus féroce encore que les écorcheurs bretons qu'il avait conduits dans la malheureuse Italie, jurait devant Bologne, qu'il assiégeait, de ne pas s'éloigner *avant de s'être lavé les pieds et les mains dans le sang des habitants;* le courage des Bolonais ne lui permit pas heureusement de tenir cet horrible serment. — Robert s'en dédommagea sur Césène : cinq mille personnes, c'est-à-dire la population entière, moins quelques fugitifs, furent égorgées. « *Tuez-les tous* (criait-il au capitaine, qui hésitait devant cette boucherie), *tuez-les tous, je veux du sang.* » (Poggio Bracciolini, lib. II, p. 235; *Cronica Sanese di Neri di Donato,* p. 252). — Quant aux excès des légats, et notamment de l'abbé de Montmayeur, voir Sismondi, *Hist. des républ. italiennes,* tome VII, p. 72 et suiv.

« Pie IX), je dis que vous êtes bien plus justement
« obligé de racheter tant de pauvres âmes, qui
« sont un trésor pour l'Église, qui s'appauvrit
« extrêmement quand elles lui sont ravies.

« Mieux vaut donc laisser aller l'or des choses
« temporelles que l'or des choses spirituelles.
« Faites ce qui se peut, et vous serez sans repro-
« che devant Dieu et devant les hommes. Vous
« triompherez bien mieux de ceux-ci en les sou-
« tenant avec le bâton de la bonté, de l'amour et
« de la paix, qu'en les frappant avec la verge de
« la guerre.

« La *paix*, la *paix* donc, très saint Père, pour
« l'amour du Christ crucifié ; et ne prenez pas
« garde à l'ignorance, à l'aveuglement et à l'or-
« gueil de vos enfants.

« Ouvrez, ouvrez bien l'œil de l'entendement
« pour voir deux sortes de maux, à savoir : *le*
« *mal de la grandeur, de la domination* et des *biens*
« *temporels que vous croyez être obligé de recouvrer*,
« et, d'autre part, le mal de voir la grâce se per-
« dre dans les âmes, avec l'obéissance qu'elles doi-
« vent à Votre Sainteté ; et vous verrez que vous
« êtes bien plus tenu de reconquérir les âmes.
« Entre ces deux maux, très saint Père, vous
« devez choisir le moindre et fuir le plus grand[1]. »

Ne dirait-on pas, Messieurs, une lettre écrite
d'hier, une lettre adressée au pape Pie IX ?

---

[1]. Voir, APPENDICE n° IV, le texte italien de la lettre complète.

N'est-ce pas le langage, qu'avec moins d'autorité que saint Bernard, moins d'onction que sainte Catherine, mais avec un dévouement non moins pieux, notre Gouvernement n'a cessé d'adresser au Saint-Père ?

La paix, la paix, Saint-Père. Certes, vous avez bien le droit de regretter vos villes perdues, la Romagne, l'Ombrie, les Marches, mais vous êtes bien plus tenu de rétablir la paix dans cette Italie, que votre résistance risque de plonger dans tous les excès révolutionnaires, au grand péril des âmes, qui, dans ce déplorable conflit, perdent, peu à peu, le respect et l'amour qu'elles doivent à Votre Sainteté.

La paix, la paix donc, pour qu'il ne soit pas dit que, dans un intérêt purement temporel, le Père commun des fidèles a risqué de compromettre la liberté de sa patrie et la paix de l'Europe.

Vous savez ce qu'on a répondu[1].

M. LE PRÉSIDENT. Voulez-vous vous reposer quelques instants, monsieur Bonjean ?

M. BONJEAN. Je vous remercie, monsieur le Président, je n'en sens nullement le besoin.

II

Ce que saint Bernard avait si nettement aperçu du haut de son génie, taillé sur le patron des pro-

---

1. Voir, APPENDICE n° XXIV, l'extrait du dernier discours de M. Billault, contenant l'historique et l'appréciation des refus obstinés de la Cour de Rome.

phètes de l'Ancien Testament, ce que sainte Catherine avait senti avec son cœur de femme et de sainte, l'histoire entière de l'Église le confirme avec le plus irrésistible éclat.

Dans une question de cette importance, ma conscience ne me permettait pas de marchander ma peine : depuis deux ans que cette question s'agite, j'ai passé bien des jours et bien des nuits à méditer l'histoire de l'Église, pour arriver à dresser le bilan aussi exact que possible, du pouvoir temporel.

Aux époques où il était nul et sans importance, comme à celles où il s'est trouvé constitué à des degrés divers, j'ai demandé : Qu'avez-vous produit pour l'indépendance du Saint-Siége? Quels fruits avez-vous portés pour la religion?

« *Ex fructibus eorum cognosces eos.* »

Ce que les faits m'ont répondu, je ne saurais vous le redire ici avec détail, sans changer cette tribune en une chaire d'histoire ; mais de ce vaste tableau, qui embrasse près de dix-neuf siècles, vous me permettrez peut-être, Messieurs, de dégager quelques traits généraux, qui suffiront pour vous prouver qu'à l'inverse d'Antée, la Papauté n'a jamais touché la terre sans perdre de sa force ; et que les deux puissances spirituelle et temporelle ont été constamment comme les plateaux d'une balance, dont l'un ne peut s'élever sans que l'autre s'abaisse à l'instant.

Ne soyez pas trop effrayés, Messieurs, je ne vous demande pas une minute par siècle.

1. Considérons d'abord les temps où la souveraineté temporelle fut nulle ou à peu près nulle.

Pendant les huit premiers siècles de l'Église, pas l'ombre du pouvoir temporel : je n'ai sans doute, en effet, nul besoin d'écarter la prétendue donation par laquelle Constantin aurait donné au Pape la souveraineté de Rome et de l'Italie, puisqu'il n'est aujourd'hui personne, même à Rome, qui ne reconnaisse que c'est là une pièce apocryphe, fabriquée vers le milieu du huitième siècle, comme le furent, un siècle plus tard, les *fausses décrétales d'Isidore* et la fausse donation de Louis le Débonnaire[1]. Pendant ces huit premiers siècles, les papes vivent à Rome, d'abord persécutés et martyrs, puis protégés et favorisés[2], mais toujours sujets soumis et fidèles des Empereurs d'Occident ou d'Orient.

A partir de Constantin, les Églises commencent sans doute à posséder quelques biens provenant

1. Voir, APPENDICE nᵒˢ V, VII et VIII, le texte des deux fausses donations et des détails sur les fausses décrétales. — Il est tout à fait digne de remarque que, des quatre donations (Constantin, Pépin, Charlemagne et Louis le Débonnaire), sur lesquelles la Papauté s'est tant appuyée, au moyen âge, pour fonder sa puissance temporelle, la première et la quatrième sont reconnues apocryphes ; quant aux deux autres, la Cour de Rome n'a jamais pu en représenter ni l'original ni même aucune copie tant soit peu authentique.

2. On peut citer notamment la Constitution de Valentinien III, qui établit, au profit de l'évêque de Rome, non plus seulement la primauté honorifique (*primatus honoris*), mais aussi la primauté de juridiction (*primatus juridictionis*). (Theod., *Novell.* tit. 24.)

des libéralités des fidèles, témoins les plaintes
de saint Jérôme et la constitution de Valentinien,
qui dut renfermer dans de justes bornes ce genre
de libéralité[1]; mais, encore une fois, non-seulement il n'y a nulle trace que les Papes aient été
investis d'une autorité politique quelconque, mais
tous les témoignages nous montrent l'Église en-
tièrement soumise à l'autorité civile : *L'Église est
dans l'État.*

L'Empereur Maurice avait rendu un édit qui in-
terdisait aux fonctionnaires et aux soldats d'em-
brasser la vie monastique. Saint Grégoire le Grand
y était opposé; il ne le cacha pas; néanmoins il fit
parvenir l'édit partout où il était nécessaire; conci-
liant ainsi, comme il le dit lui-même, l'obéissance
qu'il devait au prince avec ce qu'il devait à Dieu :

« Utrobique ergo quæ debui exsolvi, qui et Im-
« peratori *obedientiam* præbui, et, pro Deo, quod
« sensi minime tacui[2].

« Avec le secours du Seigneur (écrivait, en 727,
le pape Grégoire II au duc de Venise), « nous
« voulons demeurer inviolablement attachés au
« service *de nos maîtres*, Léon et Constantin,
« grands Empereurs[3]. »

---

1. Saint Jérôme dit, en parlant de l'Église : « *Divitiis major,
sed virtutibus minor.* » — Valentinien, cod. Theod., XVI, I,
20. A l'occasion de cette constitution, saint Jérôme disait avec
tristesse : « Nec de lege conqueror, sed doleo cur mæruimus
« hanc legem. » (Epist. 34, *ad Nepotianum.*)

2. Gregor. Magn., lib. III, epist. 65, *ad Mauricium Au-
gustum.*

3. Baronius, *Annal. eccles.*, XII, 343.

En posant sur sa tête la couronne qui échappe aux Empereurs *iconoclastes* de Constantinople[1], Charlemagne succède à tous leurs droits ; les rapports de l'Église et de l'État ne sont nullement changés ; la souveraineté politique reste aux mains de l'Empereur[2].

Les donations de Pépin et de Charlemagne avaient sans doute attribué au Saint-Siége des possessions territoriales importantes ; mais il est certain aussi que les Papes les tinrent, non à titre souverain, mais comme vassaux, *feudataires* de l'Empire, c'est-à-dire avec un pouvoir subordonné en droit, et plus ou moins étendu en fait, selon que l'Empereur était faible ou fort. Les preuves abondent.

Les monnaies, frappées à Rome sous les Carlovingiens, expriment très-bien cette combinaison féodale. Sur la face : *Roma*, avec le nom de l'Empereur en légende ; au revers, le monogramme du Pape[3].

Le peuple romain et les Papes eux-mêmes prêtent serment de fidélité aux Empereurs[4].

---

1. Voir, à l'Appendice n° IX, comment l'hérésie des *Iconoclastes* fit perdre aux Empereurs grecs la souveraineté de l'Italie.

2. Voir, à l'Appendice, n° X les textes qui établissent victorieusement que les Empereurs francs succédèrent à tous les droits des Empereurs grecs, et qu'à leur tour les Empereurs allemands succédèrent à tous les droits des Empereurs carlovingiens.

3. Voir ces monnaies au Cabinet des médailles de la Bibliothèque impériale.

4. Sur le serment de fidélité prêté aux Empereurs francs et allemands par le peuple romain et les Papes, voyez les textes rapportés à l'Appendice n° XI.

Les *missi dominici* continuent à venir à Rome, comme dans le reste de l'Italie, pour y surveiller l'administration et rendre la justice; et nous voyons le Pape Adrien plaider devant l'un de ces *missi*, contre l'archevêque de Ravenne, pour certains biens situés dans l'exarchat[1].

L'élection des Papes par le peuple, puis par les cardinaux, doit être soumise à l'approbation de l'Empereur, et c'est seulement après cette approbation que l'élu peut être consacré[2].

Les Conciles et les Papes reconnaissent la souveraineté de l'Empereur sur Rome et l'Italie[3].

Et cela dure en droit, sinon toujours en fait, jusqu'en 1346, époque où l'empereur Charles IV renonce enfin, en faveur des Papes, à toute souveraineté sur la ville de Rome.

Ce qu'opéra l'Église en ces temps de subordination à l'autorité civile, qui donc ne le sait?

Humble sujette des Empereurs, elle fait, dans les sept premiers siècles, la conquête, non des riches provinces ou des cités opulentes, mais la conquête des âmes, des cœurs, des intelligences; d'abord celle du monde romain, qui l'avait tant

1. Sur le rôle des *missi dominici* à Rome et dans le reste de l'Italie, voir les textes rapportés à l'Appendice n° XII.

2. Et non-seulement l'élection des Papes était soumise à l'approbation des Empereurs, mais souvent ceux-ci firent et déposèrent directement les Papes. Voir l'Appendice n° XIII.

3. Pour les Papes, voir les textes cités dans les Appendices X, XI, XII et XIII; pour les Conciles, on peut citer notamment celui de Ravenne de l'an 898.

persécutée, puis, quand le monde romain croule de toutes parts, celle des barbares envahisseurs, païens ou ariens.

Investie d'une autorité morale immense, l'Église s'interpose efficacement entre les vainqueurs et les vaincus.

C'est la merveilleuse époque où, sans trésor, sans soldats, sans autre puissance que la double majesté du sacerdoce et de la vertu, saint Léon arrête, aux portes de Rome, Attila et ses Huns étonnés[1].

L'époque où saint Grégoire le Grand, ce sujet si soumis de l'Empereur Maurice, par la seule force morale de ses vertus, ménage la paix entre le roi des Lombards et l'exarque de Ravenne, convertit à la foi les Anglo-Saxons, ramène de l'arianisme à l'orthodoxie les Lombards italiens et les Visigoths espagnols, acquérant ainsi à la catholicité l'Angleterre, l'Espagne et la plus grande partie de l'Italie[2].

Je passe à dessein, sacrifiant l'argument capital qu'elles fourniraient à ma thèse, les hontes du

1. Et ce n'est pas seulement l'évêque de Rome, ce sont tous les évêques en général qui inspiraient ce respect aux vainqueurs. Théodoric disait de saint Épiphane : Ecce homi- « nem cujus totus Oriens similem non habet : quem vidisse « prœmium est, cum quo habitare securitas. » (Amédée Thierry, *Derniers temps de l'Empire romain ; Vie d'Épiphane*, par Ennodius.)

2. A. Thierry, *Conquêtes des Normands*, pour la conversion des Anglo-Saxons. — C'est du roi Reccarède lui-même et du concile de Tolède que Grégoire obtient que les Visigoths re-

dixième siècle, si fatal à l'Europe, plus fatal encore à la Papauté.

Comment, sous la double influence des richesses dues à la libéralité des Empereurs francs et de l'éclipse du pouvoir impérial, sous les faibles successeurs de Charlemagne et dans l'interrègne entre les Carlovingiens et les Empereurs saxons; comment, surtout, sous l'influence des fausses décrétales et des fausses donations de Constantin et de Louis le Débonnaire, la Papauté enrichie devient la proie des ambitieux, l'apanage, pendant soixante ans, de trois femmes impudiques, puis d'Albéric et de Crescentius!... C'est une lamentable histoire qui n'est que trop connue[1].

Laissons dormir leur sommeil aux Théodora et aux Marozie, aux Sergius III, aux Étienne VI, aux Jean XII et autres tristes héros de cette triste époque, et passons à l'ère si différente qu'ouvre à

noncent à l'arianisme. — Brunehaut, Childéric II et autres princes du temps, quand ils se sentaient en faute, tremblaient en recevant les lettres du saint pontife. — Aussi Grégoire-le-Grand se plaint-il d'être assujetti à des occupations qui sentent plus les devoirs d'un *prince* que ceux d'un *pasteur* (Præf., lib. II, *Homil. ad Ezechiel*).

1. Voir, APPENDICE XIV, quelques détails sur la Papauté au dixième siècle. — En soixante et onze ans, de 885 à 956, on compte vingt et un Papes, dont deux, bien affermis par leurs factions, ont régné, Jean X, quatorze ans, Agapet Ier, dix ans; restent quarante-sept ans à répartir entre les dix-neuf autres, ce qui donne, pour chacun, une durée moyenne de deux ans et demi; et cependant presque tous étaient fort jeunes. — A la même époque, les progrès de l'Église latine s'arrêtent en Suède et chez les Slaves; en 988, sous Vladimir, la religion *grecque* s'introduit en Russie.

la Papauté la réforme monastique, montant sur le trône de Saint-Pierre, avec l'inflexible Hildebrand [1].

Quelle époque, Messieurs les Sénateurs, quelle époque !

Ce n'est plus sans doute la sereine pureté des premiers siècles, mais c'est incontestablement le plus étonnant spectacle de la supériorité des forces morales sur les forces matérielles.

Sous Grégoire VII et ses successeurs, du milieu du onzième à la fin du douzième siècle, la Papauté devient l'arbitre souverain de l'Europe.

Les Papes ont le pied sur le cou des rois. Le fier Empereur Henri IV attend trois jours, les pieds dans la neige, à la porte du château de Canossa, que Grégoire veuille bien lui donner audience. Le fougueux Frédéric Ier tient en frémissant l'étrier à Adrien IV.

A la voix d'Urbain II, au cri *Dieu le veut !* la Papauté précipite la chevalerie d'Europe sur l'Asie musulmane, et prévient peut-être ainsi l'envahissement de la chrétienté par les races mongoles.

A la même époque, la Bohême et la Pologne achèvent d'entrer dans l'Église latine, et les Hongrois comptent leurs premiers rois chrétiens.

Et cette Papauté, qui dispose ainsi en souveraine des peuples et des rois a-t-elle, elle-même, une souveraineté, un territoire, des trésors, des sol-

1. Voir Voigt, *Histoire de Grégoire VII.*

dats ?... Non. J'ai eu la patience de faire ce relevé : sur les deux cent trente et un ans qui s'écoulent de l'avénement de Grégoire VII à la translation du siége à Avignon ; pendant cent trente ans la Papauté ne jouit à Rome que d'une autorité nulle ou contestée ; pendant cent et un ans, chassés de Rome, souvent réduits à vivre d'aumônes, les Papes errent fugitifs en France, en Allemagne, mais surtout en Italie, de Viterbe à Orvietto, d'Assise à Agnani, de Montefiascone à Salerne, n'ayant pas, comme le dit Grégoire VII, *une seule motte de terre où reposer leur tête* [1].

Les trésors des Grégoire VII, des Urbain, des Pascal II, etc., c'est la foi des peuples ; leur armée, c'est la bénédiction dans une main et l'anathème dans l'autre.

Il y eut certes de déplorables abus [2] ; mais quelle grandeur !

Et maintenant, Messieurs les Sénateurs, qu'on vienne donc me dire, au nom de Mazzini, que la Papauté spirituelle est perdue, si elle perd son domaine temporel ; que le catholicisme est en danger, si ce domaine perd quèlque province. — Pour toute réponse, je renvoie Mazzini et ceux

---

1. En poussant le calcul jusqu'à la fin du grand schisme d'Occident (1449), on trouve que, sur trois cent soixante-seize ans, les papes ont été, pendant cent quatre-vingt-dix-neuf ans, absents ou chassés de Rome. — Voir, au surplus, APPENDICE n° XXVII, la succession chronologique des Papes.

2. Le principal de ces abus fut d'employer l'arme toute spirituelle de l'excommunication pour des intérêts purement temporels. — Voir APPENDICE n° XVII.

qui croient en lui à saint Léon, à saint Grégoire, Grégoire VII et à ses successeurs.

Voyons maintenant la contre-partie.

C'est Innocent III qui jette les premières bases de la souveraineté temporelle (1198)[1]; et, pour soutenir cette ambition nouvelle, si étrangère à l'époque précédente, la Papauté va désormais se trouver mêlée à toutes les querelles des Princes. Ce n'est plus pour la suprématie morale de l'humanité, ce n'est plus pour des querelles religieuses comme celle des investitures[2].... c'est pour la succession de la Grande Comtesse, pour de mesquins intérêts de territoire, que la Papauté va maintenant se heurter contre les Princes, les nobles et les libertés des villes.

Le châtiment ne se fait pas attendre.

Le gantelet de fer de Colonna sur la joue de Boniface VIII (1303), les misères des Papes d'Avignon (1305-1378), les scandales du grand schisme (1378-1449), qui absorbent tout le quatorzième siècle et une partie du quinzième siècle, témoignent assez hautement qu'en cherchant la souveraineté temporelle, la Papauté avait perdu sa souveraineté morale[3].

---

1. Mgr de Besançon (séance du 3 mars) a paru disposé à contester cette proposition. — Voir APPENDICE XVIII.

2. Voir APPENDICES XVI, XVII et XXVII.

3. Outre les faits, déjà si fâcheux en eux-mêmes, de l'exil à Avignon et du schisme d'Occident, il convient de remar-

Au quinzième et au commencement du seizième siècle, Alexandre VI et César Borgia, son digne fils, comme Louis XI en France, abattent, vous savez par quels moyens, la féodalité italienne ; le belliqueux Jules II achève l'œuvre et fonde ainsi la souveraineté temporelle des Papes avec la forme monarchique et le territoire qui ont persisté jusqu'à la Révolution française.

C'est en effet en 1513 que Jules II, après être entré à la Mirandole le casque en tête et par la brèche, écrit à son frère cette lettre fameuse :

« Sais-tu pourquoi je me tourmente au déclin de la vie ? C'est que je voudrais voir une Italie débarrassée des étrangers, *je lui voudrais voir un seul maître, et ce maître serait le Pape*[1]. »

Et de fait quand Jules II mourut Machiavel disait du Pape :

« Il n'y a pas longtemps, il n'était si petit baron qui ne méprisât le Saint-Siége ; aujourd'hui un roi de France a du respect pour lui[2]. »

Voilà donc la monarchie temporelle définitivement constituée, demandons-lui ce qu'elle a produit, soit pour l'*indépendance* du Saint-Siége,

---

quer que c'est à cette époque et à l'occasion de ces circonstances déplorables que les Conciles de Bâle et de Constance posèrent des limites à l'autorité excessive que s'étaient attribués les Papes, de Grégoire VII à Innocent III. C'est pareillement à la même époque que les Églises nationales firent revivre leurs justes prétentions à une légitime indépendance : la Pragmatique sanction de Bourges est de 1438.

1. Audin, *Hist. de Léon X*, tome I, p. 108.
2. Ranke, *Hist. des Papes*, tome I, p. 88.

soit pour le développement religieux du catholicisme.

Pour l'*indépendance*, le compte n'est pas long.

C'est en 1513 que Jules II écrivait ce que vous savez.

Quatorze ans après, en 1527, le connétable de Bourbon emporte Rome d'assaut, tient le Pape prisonnier, et la capitale de la chrétienté reste livrée pendant plusieurs mois aux atroces excès d'une soldatesque effrénée.

Ainsi, ce que saint Léon, *sujet des Empereurs*, avait obtenu de l'idolâtre Attila, Clément VII, *Pape et Roi*, est impuissant à l'obtenir du très-catholique Charles-Quint[1] !

Trois ans après, ô comble d'humiliation, ce même Clément VII en est réduit à poser, de ses mains, à Bologne, sur la tête de son orgueilleux vainqueur, la couronne de fer des rois d'Italie et la couronne du Saint-Empire romain.

Vingt-cinq ans plus tard, l'intrépide Paul IV, chez lequel il y avait de l'Alexandre III et du Boniface VIII, Paul IV essaye de secouer le joug ; le duc d'Albe se présente aux portes de Rome, avec une armée espagnole, et le Pape n'évite une

---

1. M. Zeller, *Épisodes de l'histoire d'Italie* (1 vol. in-12, Paris, 1856), a donné des détails pleins d'intérêt et puisés aux meilleures sources, tant sur le *sac de Rome* que sur l'entreprise de l'enthousiaste Rienzi.

Charles-Quint écrivait de Clément VII à de Lannoy : « Ces « gens-là ne seront contents que quand ils auront été bien « étrillés. » (Rauke, *Hist. de la Réforme*, II, 404.)

nouvelle prise d'assaut qu'en subissant les conditions qui placèrent, pour deux siècles et demi, la
Papauté et l'Italie sous la main de fer des successeurs de Charles-Quint[1].

A partir de cette époque, la Papauté ne compte
plus dans la politique de l'Europe que par sa dé-
pendance et ses humiliations.

En 1663, le Roi très-chrétien, en saisissant Avignon, impose à Alexandre VII d'humiliantes ex-
cuses, dans une querelle où tous les torts n'étaient
pas du côté du Pape[2].

En 1687, autre saisie, moins motivée encore
peut-être, au sujet des franchises exagérées de l'am-
bassade française à Rome. Le marquis de Lavardin
entre dans Rome, en conquérant, à la tête d'un
millier de gentilshommes armés de pied en cap;
et, en France, le Parlement de Paris entend et ap-
prouve les vigoureux réquisitoires de du Harlai et
de Talon[3].

En 1768, sous Louis XV, nouvelle saisie d'Avignon, à l'occasion de l'affaire des jésuites, dont le
Pape refusait de prononcer la dissolution[4].

Autant en fait le roi de Naples pour les enclaves
de Bénévent et Ponte-Corvo.

Avignon, Bénévent! les deux menottes du Pape,

---

1. Entre Naples et le Milanais, laissés par Charles-Quint à
son fils, le roi d'Espagne, l'État pontifical était pris comme dans
un étau; la Papauté devint la docile vassale de Philippe II.

2. Henri Martin, *Hist. de France*, 4ᵉ édition, XIII, 288
et suiv.

3. *Ibid.*, XIV, 79.

4. *Ibid.*, XVI, 230.

comme on disait alors, parce qu'en les saisissant on amenait presque toujours le Pape à composition.

Deux fois, dans le même siècle, en 1734 et 1752, l'État pontifical est ravagé, jusqu'aux portes de Rome, par les Autrichiens et les Espagnols.

En 1797, traité de Tolentino.

En 1798, Pie VI est arrêté par ordre du Directoire et va mourir prisonnier à Valence.

Voilà, voilà comment la souveraineté temporelle a garanti l'indépendance du Saint-Siége !

Voici maintenant les profits qu'en a retirés le catholicisme, au point de vue religieux : le compte en est encore plus triste.

C'est de 1503 à 1513 que Jules II complète, par la conquête de Bologne, de Pérouse et des villes vers le Pô, le territoire qui, de ce fleuve à Terracine, a formé depuis l'État ecclésiastique.

Eh bien, c'est quatre ans après que Luther lève en Allemagne l'étendard de la réforme. Et, remarquez-le bien, dans le principe, ce n'est pas au dogme qu'il s'attaque ; c'est bien plutôt aux richesses, à la puissance mondaine de l'Église[1].

« Vois, s'écriait-il, vois cette Église triomphante, ces princes évêques qui passent devant toi comme un tourbillon de pourpre et d'or, courant à la

---

[1]. Tels sont en effet les principaux griefs que nous retrouvons toujours allégués, non-seulement dans les premiers écrits de Luther, mais dans une foule d'actes officiels, émanés des Empereurs et des Diètes d'Allemagne. — Voir l'Appendice XIX *bis*.

guerre, à la chasse, aux plaisirs... Reconnais-tu les successeurs des apôtres? »

Ainsi, sous Jules II, la Papauté temporelle a gagné quelques villes; sous Léon X, la Papauté spirituelle perd la moitié de l'Allemagne et de la Suisse, le Danemark, la Suède, les Pays-Bas ; sous Clément VII, l'Angleterre.

Sujets des Empereurs, les Papes avaient conquis le monde; à peine *Rois*, les Papes en perdent la moitié .

Au dix-septième siècle, la réforme consolide son œuvre et s'étend même dans les pays restés catholiques en majorité; l'action religieuse, la direction morale des intelligences passe des pontifes romains aux grands évêques français Bossuet, Fénelon[2].

Au dix-huitième, les croyances religieuses viennent sombrer dans le scepticisme philosophique. — Voltaire envoie son Mahomet à Benoît XIV, qui l'en remercie; les Papes, et depuis longtemps il

---

1. Depuis, par suite du développement colonial de l'Angleterre et de la Hollande, le protestantisme a fait dans l'Amérique du Nord, les Indes orientales, l'Australie, etc , des progrès auxquels on ne saurait comparer l'action si restreinte de nos missionnaires catholiques.

2. On m'a demandé pourquoi je n'avais pas cité ici la *Déclaration de* 1682.... La raison en est que, dans ma profonde conviction, cette déclaration ne peut être considérée comme un échec aux droits *légitimes* du Saint-Siége, mais bien comme la simple consécration des anciens principes, posés par les Conciles de Bâle et de Constance, et formulés dans la Pragmatique sanction de Bourges, principes toujours maintenus avec fermeté, malgré les défaillances des rois, par nos Parlements et nos États généraux.

n'y en avait eu d'aussi éclairés, d'aussi humains, les Papes proscrivent les jésuites et correspondent avec les philosophes.

En 1781 et années suivantes, les réformes ecclésiastiques de Joseph II, en Autriche[1].

En France, en 1790, la constitution civile du clergé, puis le schisme, enfin la proscription pendant dix ans du culte catholique[2].

O mon Dieu, que le principat temporel a donc bien servi la cause de la catholicité !

Faut-il maintenant, Messieurs, pour compléter le tableau, dire un mot du temps présent ?

Des quinze premières années du siècle, il y a peu à dire au point de vue qui nous occupe, sinon que Rome était devenue le chef-lieu d'un département français.

En 1815, les grands restaurateurs du congrès de Vienne voulurent restaurer aussi la puissance temporelle du Saint-Siége.... et, de fait, les Papes ont régné depuis 1815.... en Romagne, au moyen

1. Les réformes ecclésiastiques de Joseph II avaient le double but d'affranchir les États de la maison d'Autriche de la suprématie romaine et de diminuer, au profit de l'État, la richesse et l'influence du clergé allemand. Mais ces réformes ne furent pas conduites avec la prudence qui aurait pu en assurer le succès (Paganel, *Hist. de Joseph II*, Paris, 1843). — A la même époque, Léopold, en Toscane, le comte Firmiani, à Milan, Tannucci, à Naples, entraient dans la voie ouverte par Joseph II.

2. La constitution civile du clergé fut, en grande partie, le résultat du mouvement général des esprits, signalé dans la note qui précède.

d'une armée autrichienne ; à Rome, d'abord avec cinq mille mercenaires suisses, puis à l'abri de notre glorieux drapeau et des baïonnettes françaises.

Est-ce bien là une souveraineté temporelle ? Si cela vous fait plaisir, je le veux bien ; et pourtant il me semble bien que ce n'en est que l'ombre ; et je crois que Jules II serait de mon avis.

Eh bien, voyez encore se reproduire ici, sous vos yeux, cette loi providentielle que nous venons de suivre à travers dix-huit siècles.

La souveraineté temporelle en est réduite à n'être que l'ombre d'une ombre ; et voilà que tout aussitôt le sentiment religieux se réveille, avec une vivacité que le dix-huitième siècle n'eût certes jamais crue possible.

Depuis trente ans, la Papauté a obtenu ce qui semblait hors de toute probabilité. Elle a fait admettre le culte et la hiérarchie catholiques dans des pays où ils étaient proscrits depuis si long-temps, en Angleterre, en Hollande, en Danemark [1]; en Suède même, la tolérance succède à une proscription implacable [2].

En Autriche, le concordat de 1855 a étouffé les derniers vestiges du joséphisme [3].

---

1. *Annuaire de la Revue des Deux-Mondes*, années 1851-52, p. 256 ; 1852-53, p. 209.

2. *La Liberté de conscience*, par M. d'Adelsward, frère de l'ambassadeur de Suède à Paris. — *La Suède libérale*, par l'abbé Cognat. — Cf. *Revue des Deux-Mondes*, 1862, tome XIII, p. 470 et M. Zeller, *Année historique*, 1860, p. 409.

3. Bade, Bavière et Wurtemberg avaient conclu des con-

En France (et je ne le dis pas sans un amer regret), nos vieilles libertés gallicanes, la gloire de notre vieille Église de France, le Palladium, qui si longtemps maintint le bon accord entre l'Église et l'État, semblent tombées en désuétude[1]. Le bréviaire romain, que nos Parlements et nos anciens prélats avaient proscrit, s'est introduit dans tous nos diocèses, sans aucune réclamation[2].

Les Bulgares enfin, depuis si longtemps séparés de l'Église, paraissent disposés à rentrer dans son sein.

Le catholicisme renaît aussi jeune, aussi ardent que jamais.... Nos débats en sont une preuve nouvelle.

Oh! qu'il pensait profondément ce collègue, que je ne nommerai pas, et qui me disait, il y a quelques jours à peine :

cordats analogues, qui ont été repoussés par les Chambres de ces divers pays.

1. Voir à l'Appendice XIX, la déclaration du clergé de France de 1682. — Le Gouvernement, sans doute, commence à reconnaître combien il a été imprudent de se relâcher de règles qui avaient pour elles l'autorité de l'expérience, et que la Restauration elle-même, avec des ministres évêques (Frayssinous et Feutrier), avait compris la nécessité de remettre en vigueur.

2. Parlements de Paris, Metz, Rennes et Bordeaux, évêques de Montpellier, Troyes, Metz, Verdun, Auxerre. — Cette prohibition fut fondée sur les maximes pernicieuses répandues dans cette liturgie, et principalement dans la légende placée à l'office de saint Hildebrand, canonisé plus de cinq cents ans après sa mort. — Que Grégoire VII soit exalté comme un grand homme, un puissant génie, cela se comprend; mais un saint !

« Je suis pour le pouvoir temporel, parce que, sans ce pouvoir, la Papauté purement spirituelle serait si puissante, que le Pape deviendrait le grand agitateur de l'Europe. »

Je crois, Messieurs, avoir prouvé la thèse que j'ai annoncée, à savoir qu'entre les deux puissances, temporelle et spirituelle, il existe une loi fatale, — je retire ce mot, — une loi providentielle, qui ne permet pas que l'une s'élève sans que l'autre soit abaissée.

Et de cette loi la raison doit sembler évidente à quiconque croit à l'Évangile.

C'est que, dans l'exercice de la puissance *spirituelle*, la Papauté est dans la voie que lui a tracée le divin Maître : « *Allez et enseignez toutes les nations.* »

Tandis que, dans l'exercice du pouvoir temporel, la Papauté est en contradiction, pour ne pas dire en révolte, avec cette autre parole de l'homme-Dieu : « *Mon royaume n'est pas de ce monde*[1]. »

1. Ce n'est pas sans un douloureux étonnement que j'entends, depuis quelque temps, équivoquer sur la portée de ce texte si clair, et dont au besoin le sens serait fixé par cent autres passages de l'Évangile et par la vie entière de Jésus. — Quand on le prie de partager une succession entre deux frères : *Mon ami, qui m'a établi pour vous juger et faire vos partages?* (Saint Luc, xii, 14.) — Quand les Juifs veulent le faire roi, il s'enfuit au désert (Saint Jean, VI, 15); etc., etc. Quel est le dogme si fondamental du catholicisme, depuis le mystère de la *Trinité* jusqu'à la *présence réelle*, en faveur duquel on puisse invoquer des textes aussi positifs, aussi nombreux, aussi clairs?

Insensés, qui, pour défendre un misérable lambeau de domi-

En vous fatiguant de telles considérations...

Un grand nombre de Sénateurs. Non, non...

M. Rouher. Elles ont un très-grand intérêt.

M. Bonjean. En vous fatiguant, disais-je, de telles considérations, Messieurs les Sénateurs, j'ai voulu trois choses :

J'ai voulu, d'abord, prouver à quelques personnes, trop peu charitables, que sans être un révolutionnaire ni un mazzinien, un catholique peut avoir quelques raisons assez plausibles de ne pas être un partisan *quand même* du pouvoir temporel.

En second lieu, j'ai essayé de rassurer, autant qu'il dépend de ma faiblesse, tant de pauvres âmes que l'on ne cesse de troubler sous prétexte que toute atteinte au pouvoir temporel est un péril pour la religion : qu'elles se rassurent, quoi qu'il arrive, la religion ne peut avoir à en souffrir.

nation temporelle, ne craignez pas d'équivoquer sur la parole évangélique, ne voyez-vous donc pas que vous ouvrez une brèche par où peut déborder un torrent à tout emporter !

Au surplus, sur le sens dogmatique du passage cité, voyez notamment Ellies Dupin, *Traité de la puissance ecclésiastique et temporelle*, p. 5 et suiv. — Ajoutez ce mot de Jésus à ses disciples : *Comme mon père m'a envoyé, je vous envoie aussi de même* (Saint Jean, vi, 58), que saint Paul traduit ainsi : *Pro Christo legatione fungimur ;* d'où résulte que le vicaire de Jésus-Christ ne peut avoir plus de droits ni d'autres droits que ceux qu'il a plu au divin Modèle de s'attribuer à lui-même.

En troisième lieu, enfin, il m'a semblé que, si mes idées sur le pouvoir temporel étaient aussi exactes que je le crois, si elles pénétraient dans les esprits, les hommes sincèrement religieux en seraient moins éloignés de se prêter aux sacrifices réciproques, qui, des deux parts, seront nécessaires pour arriver à une transaction qui intéresse, à un si haut degré le repos des consciences, le bonheur de l'Italie, la paix de l'Europe et le bien de la religion.

Ceci me conduit, si le Sénat n'est pas trop fatigué, à une seconde question que je m'efforcerai de traiter plus sommairement que la première.

La séance est suspendue pendant un quart d'heure environ. L'orateur reçoit de très-chaleureuses félicitations de la part de ses Collègues.

PARIS. — IMPRIMERIE DE CH. LAHURE ET Cⁱᵉ
Rues de Fleurus, 9, et de l'Ouest, 21